Lao Tsé

Tao Te Ching

El libro sagrado del Taoísmo

Tao Te Ching
es editado por
EDICIONES LEA S.A.
Av. Dorrego 330 C1414CJQ
Ciudad de Buenos Aires, Argentina.
E–mail: info@edicioneslea.com
Web: www.edicioneslea.com

ISBN 978-987-718-606-2

Segunda edición. Impreso en Argentina.
Febrero de 2019. Pausa Impresores

Lao-Tsé
    Tao te ching / Anónimo. - 2a ed . - Ciudad Autónoma de Buenos Aires :
Ediciones Lea, 2019.
    128 p. ; 23 x 15 cm. - (Espiritualidad & pensamiento)

    ISBN 978-987-718-606-2

    1. Espiritualidad. 2. Religión . I. Título.
    CDD 294.3

Lao Tsé

Tao Te Ching

El libro sagrado del Taoísmo

Lao Tsé

Tao Te Ching

El libro sagrado del Taoísmo

Introducción

Pocas certezas existen sobre el *Tao Te Ching*, el libro sagrado que enseña la doctrina del Taoísmo. Se cree que su autor fue Lao Tsé, pero incluso la figura de este filósofo chino —de quien no se poseen datos fehacientes— está envuelta en un halo de misterio. También conocido como *Dào Dé Jing* y *Tao Te King*, el libro está dividido en 81 capítulos cortos, cada uno de los cuales tiene por objetivo aportar un aspecto más en la comprensión de lo que significa la filosofía taoísta. La obra está basada en la descripción de la esencia del Tao, es decir, del orden del universo.

Si bien su título puede traducirse como "El libro del Camino y de su Virtud", es apenas una aproximación a lo que el autor quiso expresar. Escrito a partir de ideogramas chinos cuya interpretación no es literal, el título del libro puede interpretarse de otros modos:

道 **Tao:** Significa "El camino por delante", "La senda por delante", "El camino", o "El sentido".

Te: se refiere a la palabra "virtud", tanto en el sentido de una cualidad moral como en el de "don".

Ching: significa "escritura", "gran libro", o "doctrina".

Un libro sagrado

Aproximadamente cinco mil caracteres conforman el *Tao Te Ching* en su versión china original. El libro está dividido en 81 capítulos que, a su vez, se encuentran agrupados en una primera parte, el Tao, que incluye los capítulos 1 a 37. En la segunda parte, el Te, se encuentran los capítulos 38 a 81. La característica esencial de cada capítulo es su brevedad y el estilo poético con el cual ayuda al lector a construir una comprensión propia de un concepto complejo, a menudo difícil de aprehender a través del razonamiento.

Desde el punto de vista de su finalidad, el *Tao Te Ching* es al Taoísmo lo que la Biblia al catolicismo, o el Corán al Islam. Sin embargo, lejos está de haber sido redactado con los mismos recursos: no es la génesis personal de un iluminado lo que el texto narra, ni presenta fragmentos de la vida de un enviado a modo de ejemplificación acerca de sus enseñanzas; en cambio, se trata de un compendio de descripciones en las cuales la intención es alcanzar el entendimiento de la filosofía taoísta sin crear veneraciones personales, construir leyendas, ni colocar hitos que luego serán ritualizados.

Se desconoce con exactitud en qué año fue redactado, aunque existen distintas versiones. Incluso hay quienes dudan de su autor. La versión más extendida indica que el texto fue escrito en el año 600 a.C. por Lao Tsé, un archivista de la Corte Imperial durante la dinastía Zhou, quien lo habría redactado para aconsejar al emperador acerca de la forma en que debía gobernar. La existencia de Lao Tsé parece probada en ciertos rollos del 400 a.c. Además, se conoce una biografía escrita por Sima Qian, que data del año 100 a.C. De todos modos, distintos estudios que se realizaron a partir del lenguaje del Tao Te Ching, así como de sus rimas y estructura, concluyeron que su escritura data de un tiempo que abarca entre el siglo IV a.C. y el comienzo del siglo III a.C.

La obra tal cual la conocemos en la actualidad pudo reconstruirse a partir de diversos hallazgos a lo largo de la historia. En 1973 se descubrieron los rollos de Ma-wang-tui, conformados por una primera parte del texto incompleta, anterior a una segunda parte con mayores detalles. Estos rollos serían del año 200 a.C. aproximadamente.

También fueron descubriertas unas tablillas grabadas en piedra de alrededor del 300 a.C. Del mismo período son unas tiras de bambú que se conocen como la versión más antigua del texto. Halladas en 1993 en Guodian, en la provincia china de Hubei, en las tablillas figuran 14 versos antes desconocidos. Este fragmento se conoce como el "Texto de Guodian" y se incluye en las versiones modernas del *Tao Te Ching*.

A pesar de las inexactitudes con respecto a su nacimiento, se considera que el libro fue escrito en la misma época en que Buda desarrollaba su filosofía en la India. Se trata del libro de origen chino de mayor influencia en Occidente, con más cantidad de traducciones que ningún otro texto en su tipo.

Una de las particularidades del *Tao Te Ching* es la multiplicidad de sus enseñanzas. Lao Tsé no sólo presenta una filosofía de vida, sino que también incluye consejos a los gobernantes, sabiduría para la vida cotidiana y escritos sobre la inmortalidad. El estilo abierto de estos textos, así como la multiplicidad de sus propuestas, hicieron del *Tao Te Ching* un libro donde es sencillo encontrar puntos en común con otras religiones y sistemas filosóficos. De hecho, a lo largo de la historia se realizaron adaptaciones del Tao a las creencias del catolicismo, los sistemas computarizados, el manejo de recursos humanos y los negocios, entre otras.

Más allá de las buenas intenciones de la mayoría de estos textos, lo cierto es que el *Tao Te Ching* es un libro sagrado en el cual se establecen las bases del taoísmo. Su objetivo parece estar dirigido en dos sentidos: el primero de ellos es lograr la comprensión de lo que significa el Tao y dar claves para alcanzar la sabiduría; el segundo es aconsejar a los hombres poderosos acerca de las formas sabias de gobernar. Como manual de instrucciones para la búsqueda del equilibrio o como guía de gobierno, el *Tao Te Ching* se extiende mucho más allá y sus enseñanzas alcanzan prácticamente todas y cada una de las circunstancias vinculadas con la experiencia humana.

El Tao

¿Qué es el Tao? Hay muchas maneras de responder a esta pregunta. De hecho, el mismo *Tao Te Ching* lo hace en diversos modos, algunos de ellos de una simpleza necesaria para alcanzar a visualizar la complejidad del concepto.

Puede entenderse al Tao como una fuerza de contradicción, como la representación de todo aquello que existe en el universo y que se encuentra en equilibrio constante a partir de las dualidades. Es claro que el "camino por delante" al que hace referencia no es un proceso de crecimiento personal, o por lo menos no es sólo eso. Incluso es posible entender al Tao como la conciencia primordial, el Creador, Dios, Alá, el Absoluto o la Totalidad, así como con cualquiera de los conceptos que aludan a la esencia del universo, conformada por fuerzas antagónicas que cohabitan y trabajan coordinadamente para dar existencia a todo cuanto conocemos. Si "Tao" se utiliza como un sinónimo de "Dios", no se trata de una referencia hacia una entidad superior que decide los destinos del ser humano, sino de una comunión de esos destinos que dan como resultado a esa entidad superior. Desde esta perspectiva panteísta, es posible entender al Tao como a ese Dios del cual cada ser del Universo es una manifestación.

El Tao es eterno, infinito, inmaterial y amorfo; en ese sentido, se vuelven evidentes las analogías del concepto con "Dios" y "Universo". Resulta paradójico que el texto implique una contradicción en sí mismo: aunque indica que el Tao no tiene sonido, ni puede explicarse con palabras, el *Tao Te Ching* es, precisamente, la obra en donde Lao Tsé describe el concepto.

La unidad primordial

Para el taoísmo, sin embargo, el Tao es la "Unidad Primordial" o "El Uno". Se trata de una fase en donde la totalidad del Ser se encuentra latente como pura posibilidad. Es decir, aún no existe un ser, pero tampoco hay un "no ser", puesto que el tao se dirige hacia ese Ser.

Se caracteriza, entonces, por esa posibilidad de ser cuando aún no es, una suerte de estado latente en el cual aún no existe el orden de la particularidad. Por ese motivo, el taoísmo entiende al Tao como una unidad primordial previa a lo existente.

Esta noción puede comprender, entonces, como el caos originario que da paso al mundo material en donde señorean las dos energías, *yin* y *yang*,

El Tao, en cuanto origen, es el Uno. Y ese "Uno" da paso al "Dos": el Cielo y la Tierra. A partir de esa existencia es que empieza a conformarse la multiplicidad de todo lo que "es".

Esta dualidad intrínseca a todo aquello que existe es entendida con el concepto TianDi (Cielo y Tierra). Esta dualidad se entiende como la totalidad de la naturaleza en el sentido del mundo material, sin presentar oposición al mundo del pensamiento. Así, Tian ("Cielo") es lo espiritual; mientras que Di ("Tierra") es el aspecto fenoménico del Tao.

Se conoce como "mundo fenoménico" al mundo material que surge a partir del Tao. A diferencia del concepto que le da origen, su característica es que puede ser nombrado, descrito, clasificado y estudiado. Sin embargo, a diferencia de otras creencias, Lao Tse no postula que ese mundo desciende de una entidad superior.

Una manera sencilla de comprender esto es pensando en una flauta. Una flauta es un tubo vacío. Pero, cuando alguien la sopla, produce sonidos. El cielo es el aire con el que se sopla la flauta; la tierra, es el instrumento. El flautista que presta sus manos, su boca y su aire, es el Tao. Por eso se dice que el Tao es el principio. Sin embargo, no se puede tomar, mirar, ni oír. Apenas busquemos asir al Tao, se vuelve inalcanzable. Todas cuanto existe en el mundo de los fenómenos surge de "lo que es"; mientras que "lo que es" surge de "lo que no es" y retorna al no-ser, para volver a la unidad. Ese Tao del no-ser es, precisamente, la fuerza que mueve todo lo que hay en el mundo de los fenómenos. Y el efecto de todo lo que es, se basa en el no-ser.

Alcanzar el Tao

En el *Tao Te Ching*, Lao Tsé presenta una serie de imágenes sobre lo que es el Tao. Pero, ¿cómo se alcanza dicho estado?

Como todo en el Tao, se llega a través de dos caminos: por medio del ser y por medio del no-ser.

Cuando se encuentra el sentido en el ser, no hay posibilidad de que el mundo de los fenómenos confunda a la persona. En cambio, buscar el Tao en la realidad de los fenómenos conduce a la confusión. La búsqueda de placer, color, tonos, dulces, juegos excitantes y bienes, alejan del Tao.

Del mismo modo, tampoco es recomendable buscar obsesivamente la sabiduría, el amor, la santidad, la erudición y el arte. Una persona que realice su búsqueda sólo en este sentido, se desequilibra.

El equilibrio es crucial para alcanzar el Tao. Por ese motivo, cuanto menos ataduras poseemos, más liberados del yo nos encontramos. Y gran parte de las ataduras están relacionadas con la tendencia a obsesionarse por el mundo fenoménico. Sin este apego, el mundo es percibido sin miedo, como un simple objeto.

Todo cuanto existe crece, se vuelve grande y poderoso; luego, retorna a la pequeñez y desaparece. Vivir y morir es entrar y salir, fluir en las aguas del Tao. Pero para transitar de este modo, es necesario abandonar el ego. El ego no hace otra cosa que confundir y hacernos creer que la vida es sólo ese lapso de tiempo entre el nacimiento y la muerte. Seguir sus enseñanzas nos hace equivocar la perspectiva.

El Te

Todo cuanto existe tiene al *Tao* como origen. Pero en el mundo fenoménico, los distintos seres poseen distintas naturalezas y, por lo tanto, comportamientos particulares. A estas diferencias, el taoísmo las denomina *Te*.

Te es lo que cada ser recibe del *Tao*, y a partir del cual cada ente fenoménico se manifiesta, con sus características particulares. Del mismo modo, puede decirse que el *Te* es la forma en que cada ser participa del *Tao*.

Como hemos visto, las traducciones de los ideogramas chinos no son exactas. En el caso de "*Te*", esto provocó que en muchas traducciones se soslayara la importancia que "fuerza" o "influencia" tienen como parte de su significado. En cambio, se exacerbó la idea de que *Te* es "virtud". Sin embargo, como quedó expuesto anteriormente, no se habla de "virtud" en un sentido unidireccional.

Lo que verdaderamente significa *Te*, entonces, es cómo cada uno de los seres existentes se adapta al *Tao*. Es decir, del *Tao* nacen todas las cosas, pero cada una de ellas posee algo de ese *Tao*, y es el *Te*, que da a una cosa lo que naturalmente es. Lao Tsé lo enseña en este sentido cuando, en el capítulo 51, dice:

"El Tao da origen a la vida y la Virtud (Te) sustento.
La materia da la forma y el contexto los límites.

Conscientes de su origen, todo lo vivo rinde honor al Tao
y se muestra en deuda con la Virtud.
La Virtud guía, encamina y protege todo lo nacido por el Tao".

La filosofía taoísta

En el *Tao Te Ching* se encuentran establecidas las bases de la filosofía taoísta, a partir de las cuales (y con aportes del budismo y el confucionismo) luego se conformó la religión homónima. Si bien puede resultar complejo entender estas bases a partir de la lectura del texto, de características alegóricas y abstractas, los principios del taoísmo pueden resumirse en los siguientes aspectos:

Yin y Yang

El taoísmo como filosofía comienza a existir a partir de las palabras que Lao Tsé plasmó en su *Tao Te Ching*. Posteriormente y con aportes llegados desde el budismo, esta filosofía se convirtió en una religión.

Más allá de las interpretaciones con las cuales se puede alcanzar una comprensión de la esencia del Tao, existen una serie de principios que se desarrollan a lo largo del libro y permiten una visión integradora de la filosofía taoísta.

En primer lugar, se establece la existencia de tres fuerzas en todo cuanto existe: una positiva (yin), otra negativa (yang) y una conciliadora (Tao). El yin y el yang son opuestos complementarios, que pueden de-senvolverse de forma independiente pero, al mismo tiempo, representan una unidad. La tercera fuerza, el Tao, las contiene.

El ritmo de la vida, que mantiene al universo en constante movimiento, surje a partir de la acción complementaria de las fuerzas Yin y Yang, cuya representación esquemática explica con claridad la simbiosis entre ambos:

La representación tradicional de Yin y Yang deja en evidencia que ambas fuerzas son antagónicas y complementarias, pero que, además, en la cumbre de cada una de ellas se encuentra la semilla de su opuesto. Este ciclo eterno de energías en comunión demuestra que la existencia de una no es posible sin la existencia de la otra.

Este enfrentamiento de fuerzas que funcionan coordinadamente constituyen el equilibrio absoluto, la armonía a la cual deben aspirar los seres humanos como un camino (Tao) para alcanzar el vacío.

Yin y Yang poseen características opuestas que pueden dividirse de acuerdo al principio creador de vida: lo masculino y lo femenino.

Yin, de energía femenina, es quietud e intuición. Se relaciona con el planeta Tierra como fuente de vida. Otros de los elementos asociados con esta fuerza son:

- La noche y la oscuridad.

- La lluvia, el agua, el frío.

- El invierno y el otoño.

- La Luna

- Los números impares.

- El Norte y el Oeste

- Derecha y Abajo.

- Lo estático y pasivo.

- La contracción.

- Lo que disminuye.

- La tradición.

- El río.

- La curva.

- Lo suave.

- La solidificación.

- El plano astral.

- El tigre.

- Los pulmones, el corazón, el hígado y los riñones.

Por su parte, Yang es la energía masculina vinculada a la creatividad, la fuerza y el Cielo como instancia de cambio constante. Los elementos Yang son:

- El Día y la Luz.

- El amanecer, el fuego y el calor.

- El Verano y la Primavera.

- El Sol.

- Los números pares

- El Sur y el Este.

- Izquierda y Arriba.

- El Intelecto.

- Lo Activo y Dinámico.

- La Expansión.

- Lo que aumenta.

- Lo Nuevo.

- La Montaña.

- El Desierto.

- La Línea Recta.

- Lo duro.

- Lo disolución.

- El plano físico.

- El dragón.

- La vejiga, los intestinos y la piel.

El significado de las palabras aporta mayor claridad para comprender estas dos fuerzas: "Yang" puede traducirse como "el lado luminoso de la montaña", mientras que "Yin" es "el lado oscuro de la montaña". Analizando el concepto desde esta analogía, el Tao sería, precisamente, esa montaña, la unidad de ambas fuerzas opuestas cuya naturaleza es idéntica.

Establecer estas dos energías tiene consecuencias más allá de la mera estipulación de un Universo construido a partir de estos opuestos complemetarios. Por ejemplo, la antítesis entre "vida" y "muerte", que en la cultura occidental se resuelve a favor del primer concepto (es decir, la "vida" como el valor supremo), para el taoísmo no entraña ninguna diferenciación. Desde la perspectiva del Tao, "vida" es tan importante como "muerte". Lo mismo sucede con "felicidad" y "sufri-miento", "positivo" y "negativo" y cualquier otro anta-gonismo en el cual se infiera la supremacía de uno de los dos elementos.

El Vacío

Tao es el ideal del Vacío o la Nada. Para alcan-zar el Tao es necesario abandonar lo material y todo aquello que se origina en la razón humana. Esto quie-re decir que al Tao se llega a través de la supresión del intelecto, del conocimiento, del deseo y, sobre todas las cosas, del egocentrismo. El Tao no se piensa, ni se comprende desde la reflexión. Es un estado de vacui-dad al cual sólo puede arribarse mediante la supresión del "Yo". En este sentido, el Tao es comparable con el Nirvana al cual esperan llegar los budistas.

La noción del Todo proviene de una de las carac-terísticas esenciales del Taoísmo: la Naturaleza como medida de todas las cosas. A partir de la observación de la Naturaleza, el Taoísmo establece que es tan necesa-rio "lo que es" como "lo que no es". Una vez más, son dos opuestos que se complementan. Desde esta pers-pectiva, el vacío es tan importante como la forma.

El objetivo de la Nada final está estrechamente vinculado con el concepto de "retorno" al cual alude el *Tao Te Ching*. Para esta filosofía, el retorno no es el regreso al pasado, o la búsqueda de las propias raíces, sino el replegamiento sobre sí mismo, la retirada hacia lo esencial del ser humano. Se trata de una sustracción de saberes y comportamientos hasta alcanzar ese Vacío.

El Vacío está estrechamente relacionado con la importancia que el Tao le otorga a lo cotidiano e insignificante, por encima de la trascendencia racional que intenta alcanzar el hombre a través del pensamiento. Para el Taoísmo, la profundidad no está en la reflexión, sino en las pequeñas cosas que forman parte de nuestra experiencia diaria. Por ese motivo resulta imposible alcanzar el Tao a través del pensamiento. Como madre de la creación, fuente de todos los seres y estado de vacío completo, sólo se puede acceder a él mediante una sujeción instintiva.

Esta característica inasible del Tao queda marcadamente expuesta en el libro: Lao Tsé jamás acerca el concepto a una idea concreta. Por el contrario, desafía al intelecto al presentar el Tao con una serie de escritos que plantean dicotomías insalvables para el pensamiento occidental.

Muchas son las características del Tao que se asocian con la idea del Vacío: el Tao no puede verse, ni oírse, ni siquiera sentirse (a diferencia, por ejemplo, del "Cielo" al que aspira el catolicismo). Es principio de todo, pero a la vez es "No ser". Inalcanzable y eterno, es tanto la existencia como la no existencia, entendiendo esta dualidad desde la misma perspectiva del Yin y el Yang.

El equilibrio

En tanto fuerzas opuestas complementarias, Tao es equilibrio. Se trata de un concepto que permite comprender con mayor precisión cuál es la base del taoísmo. La ley no es el principio que rige la vida del hombre, sino el orden. Esto significa que los elementos del universo se comportan de acuerdo a su posición, lo que las obliga a adoptar un comporamiento determinado.

Los elementos del universo se encuentran en equilibrio. Eso es el Tao. Pero el ser humano no logra integrarse a ese equilibrio. Se vuelve contrario al orden natural de las cosas. El taoísmo pretende restablecer ese equilibrio, enseñar al hombre a armonizar con su entorno a partir de la supresión de todo aquello que lo alejó del orden universal.

El concepto de "equilibrio" está muy ligado al Yin y al Yang y al orden de la Naturaleza. Esto significa que la vida y la muerte son aceptadas como parte esencial de la existencia: los seres nacen, crecen y mueren para retornar a su origen. Sólo dejando de lado la interferencia del pensamiento, el hombre será capaz de acallar su mente y contemplar su ser interior, en donde reside el vínculo con la Naturaleza.

Al hablar de equilibrio, el Tao se refiere también a la necesidad de adaptarse a las circunstancias. Sugiere que ser blando y suave es el mejor modo para vencer la resistencia. Adaptarse lleva a la victoria, mientras que polarizarse arrastra al conflicto. La integración de conceptos opuestos elimina el desacuerdo, tal cual el Yin y el Yang conforman una totalidad.

Las enseñanzas

A lo largo del *Tao Te Ching*, Lao Tsé presenta una serie de textos en donde esboza características de lo que significa el Tao. Además, brinda enseñanzas que conforman un cuadro completo de la filosofía taoísta. Algunas son difíciles de comprender mediante la lectura del texto, ya que se desenvuelven en escritos que requieren de una lectura más inuitiva que reflexiva. Por otra parte, es frecuente interpretar estas enseñanzas de acuerdo a las perspectivas de cada persona. Lectores de distintas religiones encontrarán en el *Tao Te Ching* enseñanzas que se ajustarán a sus propias creencias. Esto demuestra la riqueza del Taoísmo en tanto filosofía universal y atemporal. A pesar de lo dispares que pueden resultar las conclusiones de cada lector, es posible resumir algunas de las claves del Taoísmo en las siguientes afirmaciones:

- El empleo de la fuerza sólo provoca más fuerza.

- La riqueza no es alimento para el alma.

- La necesidad de posesión que tiene el ser humano lo vuelve un ser codicioso y lleno de violencia.

- Es inútil el egocentrismo; sólo lleva a la autodestrucción.

- Ganar una guerra no es victoria, sino la consecuencia de la destrucción.

- Si es grande la fuerza con la cual se pretende modificar algo, mayor será la resistencia que se le oponga.

- Los resultados se alcanzan con mayor rapidez y facilidad si se actúa en equilibrio con la naturaleza.

- Quien en verdad es sabio conoce lo limitado de sus conocimientos, puesto que en su misma sabiduría se encierra la certeza de su ignorancia.

- El contraste entre fuerzas opuestas permite comprender el funcionamiento del Universo.

- La pérdida de los valores esenciales lleva a creer en valores inferiores que resultan equivocados.

- Exaltar la belleza, la riqueza y el poder sólo da como resultado el nacimiento de emociones y actitudes nocivas, como la envidia, el crimen y la vergüenza.

- Aquello que es flexible y suave es superior a lo que se comporta de manera rígida y violenta.

Salud física y espiritual

Una de las características más particulares del taoísmo con respecto a otros sistemas filosóficos y religiones, es el rol preponderante que le otorga al cuidado de la salud física. De hecho, los taoístas conocen sus creencias como una "ciencia de la esencia y la vida", en donde "esencia" alude a "mente" y "vida" está relacionada con "cuerpo".

Gran parte de las enseñanzas del taoísmo están, efectivamente, ligadas a la necesidad de mantener el estado óptimo de las tres bases: vitalidad, energía y espíritu. También conocidos como los "Tres tesoros", son considerados los centros del organismo a nivel individual y colectivo. A su vez, cada centro posee una cara doble: un fenómeno abstracto y un fenómeno concreto. Los tres centros se relacionan entre sí, a la vez que lo hacen con otras fuerzas de la naturaleza. El equilibrio entre estos elementos es una de las vías del Tao.

- A nivel colectivo, la vitalidad se asocia de manera abstracta con la creatividad, y de forma concreta con la sexualidad. La energía, por su parte, está vinculada en forma abstracta con el movimiento, el calor y el vigor; mientras que lo hace de forma concreta con la respiración, la fuerza y el magnetismo. Por último, el espíritu se asocia de forma abstracra con la mente consciente, y de forma concreta con el pensamiento.

- A nivel individual, la vitalidad está relacionada con los órganos genitales, la energía con el tórax y el espíritu con el cerebro.

Ya sea a través de ejercicios de respiración, alimentación, Yoga e incluso por vía sexual, son muchas las técnicas taoístas que se ocupan de armonizar estos tres tesoros.

Lao Tsé, el hombre detrás del Taoísmo

Una de las tantas leyendas que existen en torno a su figura refieren que la gestación de Lao Tsé ("viejo sabio") demandó 72 años. Al cabo de ese tiempo, el hombre nació bajo un ciruelo en la aldea china de Tch'u, actualmente distrito de Lùyì, provincia de Henan. No era un bebé normal: se cuenta que Lao Tsé nació con el cabello blanco, arrugas en la cara y unas orejas gigantes que le valieron un primer nombre: Li Ar (orejas de ciruelo). El relato fantástico que da origen al autor del *Tao Te Ching* está estrechamente vinculado con lo poco que se conoce de su biografía. Conocido también como Laozi ("viejo maestro"), Lao Tzu y Lao Tsi, incluso su existencia histórica es un hecho que no está comprobado.

Según la tradición, vivió en el siglo VI a.C., aunque existe otra versión que sitúa su vida en el siglo IV a.C. A pesar de las inexactitudes en torno a su figura, Lao Tsé es considerado uno de los filósofos chinos más relevantes y es venerado en gran parte de Oriente.

Al ser transmitida de forma oral a lo largo de varias generaciones, son muchas las versiones que existen sobre la vida de Lao Tsé. En China se cuenta que pasó varios años recorriendo los países de Asia oriental. Al cabo de cierto tiempo, regresó a Tch'u, donde se desempeñó como funcinario del Estado. Se dice que en este periodo conoció a Confucio. Lao Tsé se desempeñaba como archivista en la Biblioteca Imperial, a donde Confucio se dirigía. La casualidad (o el deseo de encontrarse, de acuerdo con otras fuentes) quiso que se cruzaran cerca de Luoyang. Lao Tsé y Confucio expusieron sus filosofías y discutieron durante varios meses acerca de los rituales, el pensamiento y los objetivos del ser humano. Cuenta la leyenda que Lao Tsé consideraba vacío al confucionismo. Los taoístas sostienen que Confucio aprendió más de Lao Tsé que éste de aquel viejo maestro.

La decadencia que encontró Lao Tsé en la Casa Real lo hizo viajar nuevamente, esta vez al país de Ts'in, en el Oeste chino. El sabio viajaba en un carro llevado por un buey azul. Al llegar al paso de Hien-ku, el guardián Luan-Yin reconoció al anciano y le pidió que se quedara un año allí. Durante su estadía en Ts'in, Lao Tsé escribió el *Tao Te Ching*. Cuando lo finalizó, dejó el lugar y se marchó hacia el Oeste, donde se perdió todo rastro de él.

Esta misma historia se cuenta con curiosas variaciones: por ejemplo, para algunos fueron 81 los años de gestación de Lao Tsé, exactamente la misma cantidad de años como capítulos tiene su libro. También hay quienes dicen que el autor verdadero del *Tao Te Ching* puede haber creado la historia de Lao Tsé, como personaje enigmático que le otorgara cierto halo de misterio al libro. Muchos historiadores creen que fue Dan, un Prefecto de los Grandes Escribas, quien en realiad escribió el *Tao Te Ching*. Otros sotienen que se trató de un anciano de Lai.

Palabras de un hombre sabio

Aunque la existencia de Lao Tsé no esté debidamente documentada, se le atribuyen a este hombre una serie de frases que son muy populares en Oriente. Todas ellas resultan indudablemente valiosas para comprender la filosofía taoísta:

"El hombre que sabe no habla; el hombre que habla no sabe".

"Sumisa y débil, el agua es la única que puede vencer lo duro y fuerte".

"Si das a un hombre un pescado, lo alimentas por un día. Si le enseñas cómo pescar, lo alimentas durante toda su vida".

"La naturaleza no tiene corazón de humano".

"Las palabras elegantes no son sinceras; las palabras sinceras no son elegantes".

"Un hombre es un buen líder cuando la gente apenas sabe que existe. Cuando su trabajo esté hecho y su objetivo cumplido, ellos dirán: nosotros mismos lo hicimos".

"El hombre sabio no acumula. Cuanto más ayuda a los otros, más se beneficia él mismo. Cuanto más da a los otros, más obtiene él mismo".

"No vayas contra lo que es justo para conseguir el elogio de los demás".

"Quien conquista a otros es fuerte; mas quien se conquista a sí mismo es poderoso".

"Ser amado profundamente otorga fuerzas. Amar a alguien profundamente otorga coraje".

"El que obtiene, tiene poco. El que disemina, tiene mucho".

"En el centro de tu ser tienes la respuesta; sabes quién eres y sabes qué quieres".

Chuang Tsé, el otro padre del taoísmo

Además de Lao Tsé, Chuang Tsé (369-286 a.C.) es otro de los fundadores del taoísmo. En sus textos explica los conceptos del Tao mediante historias. Aunque se conoce muy poco de su vida, se cree que nació en el reino Song y que vivió en el siglo IV a.C., entre los años 369 y 290. Considerado heredero del pensamiento de Lao Tsé y venerado en Oriente, hoy en día hay quienes lo reivindican como uno de los primeros anarquistas. La razón es simple: Chiang Tsé creía en la libertad del individuo por encima de todas las ataduras formales, en donde "no gobernar" es la única manera de mantener el orden. En sus escritos explica que, si el hombre puede seguir su naturaleza, será la propia vida la que le muestre el camino.

Chiang Tsé fue uno de los primeros en explicar lo ilusorio del universo. Considera que la naturaleza no es otra cosa que un cambio constante de fenómenos y que, en este marco, el sumo bien del hombre es la armonía y la libertad. Y la única posibilidad de alcanzar ese bien es a través de la senda de la propia naturaleza. Atacando al pensamiento de Confucio, señala a las instituciones como las responsables del sufrimiento humano, debido a que no conocen la particularidad de cada individuo. Por eso propone la desaparición de los gobiernos y la autogestión de los individuos.

En el mismo sentido, rechaza el antagonismo entre bien y mal, así como cualquier otro antagonismo. De hecho, al morir su esposa escribió que lamentar ese hecho era desconocer que vida y muerte eran también una misma cosa.

En sus escritos se destaca, además, un aporte específico a la enseñanza del poder de la meditación y las técnicas respiratorias, como vía para alcanzar la longevidad.

La traducción

Los versos del texto están escritos en chino antiguo, un idioma caracterizado por la ambiguedad de su lectura. No existe una idea concreta para cada grafismo chino, sino que se evocan diversas asociaciones, conceptos y abstracciones que terminan por configurar una interpretación determinada. Son muchos los caracteres chinos que pueden utilizarse como adjetivos, sustantivos y verbos, al mismo tiempo; este tipo de composición y la estructura del idioma vuelven sugestivo al texto, con una marcada tendencia a invocar emociones e imágenes, por sobre la capacidad del texto de construir un razonamiento lógico. La escritura original del *Tao Te Ching* entraña, así, una dificultad a la hora de su traducción a otras lenguas. Esa es la razón por la cual existen versiones tan disímiles, aunque la mayoría de ellas logra abordar las enseñanzas taoístas con éxito.

Para realizar esta traducción se tuvieron en cuenta versiones en su idioma original. A fin de favorecer la comprensión del texto sin alterar su estilo, se mantuvo el carácter alegórico de los versos.

El *Tao Te Ching* que presentamos a continuación no es sino un comienzo, un libro abierto que cada lector sabrá interpretar de acuerdo a sus circunstancias. Originado por la sabiduría de una corriente filosófica anterior al catolicismo, no conoce de preceptos, prohibiciones, ni límites, sino que establece un marco de referencia en donde será posible buscar –aun a tientas– el camino que cada ser humano debe emprender hacia el equilibrio.

E.M.

道
Tao

道

Tao

1. Lo Oculto y lo manifiesto

El Tao al que se le puede dar nombre no es el Tao de la
    Eternidad.
Así como el nombre que puede pronunciarse no es el
    nombre de la eternidad.

Como el cielo y la tierra el Tao tiene sustancia en la no
    existencia.
El Tao tiene su nombre como iniciador de todo lo que
    tiene comienzo.

Oculto desde siempre podemos intuir su presencia
    constante
y manifiesta en todo momento.
Es posible deleitarnos con sus manifestaciones.

Lo oculto y lo manifiesto provienen de la misma fuente
como paradoja o como imposible
y en la imposibilidad surgen los misterios
y en el misterio surgen las revelaciones.

2. La sabiduría del equilibrio

La belleza es puesta de relieve por la fealdad,
así como la fealdad se hace presente en contraste con lo
    bello
y uno sin otro no son uno ni son lo otro.

En los extremos está el equilibrio
y el equilibrio hace a la existencia de los extremos
y a la existencia del equilibrio mismo.

No hay luz sin oscuridad
ni nada es cercano sin la lejanía.
No hay detrás sin un delante,
ni sonido que no se compare con el silencio.
Nada es profundo sino en relación con la altura
y lo complicado toma forma ante la sencillez.

Así, aquél que es sabio crea sin pasar a la acción
y de su creación no menciona palabra alguna,
observa y cobija el orden de las cosas
pero no interfiere ni se entromete,
es dueño de sus creaciones pero no se adueña de ellas
y en su postura está la base de todo equilibrio.

3. Alimentar la armonía

El importante no saber que lo es, hasta que no se lo
    hacen saber.
Lo valioso no adquiere valor hasta que se lo nombra
    como tal,
lo deseable no atrae hasta tanto no sea puesto en
    exhibición.

El verdadero sabio evita adular a los importantes,
oculta el valor de lo verdaderamente valioso
y no expone lo deseable al ojo del pueblo.

Así, el importante no se ve magnificado ni el resto
    disminuido,
lo valioso no se convierte en materia de disputa
y el deseo permanece apaciguado.

Y el verdadero sabio gobierna colmando las necesidades,
ocultando lo valioso
y apacentando los deseos.

El pueblo permanece sin conocimiento de lo valioso,
sin conciencia de su importancia
y sin deseos que satisfacer,
y el sabio gobernante lleva adelante su tarea
sin sobresaltos y en armonía.

4. Recipiente y molde

El Tao es el recipiente de todas las cosas.
En él todo tiene lugar porque nada lo desborda:
suaviza lo filoso,
encauza lo desviado,
desata lo anudado,
desencripta lo críptico.

Es molde de todo lo que tiene forma
y está presente desde siempre,
imposible rastrear su origen
iniciado antes del origen mismo.

5. La naturaleza y el sabio

El cielo y la tierra no tienen contemplaciones,
actúan sobre el pueblo como si éste fuera solo una
    representación.
El sabio no tiene dudas ni reparos,
actúa sobre el pueblo como si éste fuera solo una
    representación.

El cielo y la tierra son como un fuelle vacío por dentro
que a más movimiento más eco de su vacío.
Por ello el sabio evita el movimiento,
sabe que en la quietud está el equilibrio.

6. Fuente inagotable

La fuente de la que bebe el Tao es inagotable,
como inextinguible es el caudal de un río que se mueve.
La naturaleza es femenina y, por ello mismo, origen.
Se alimenta y alimenta,
no se agota ni se acaba,
es la fuente de todas las fuentes.

7. El secreto de la eternidad

El cielo y la tierra son eternos y guardan un secreto de su
    eternidad,
no se detienen a preguntarse sobre su permanencia y por
    ello avanzan.

El verdadero sabio no alardea de sus hechos ni da
    muestras de su existencia,
se ubica último y en nada espera ser primero
y sirve sin esperar ser servido.

Así, abandonando el interés por sí mismo y
    desapegándose de sus asuntos,
permanece en la perfección de aquél que solo existe y
    nada aguarda.

8. La adaptación del agua

La bondad es como el agua
que sin oponer resistencia llega a todos los rincones,
se adapta a las formas y filtra en los lugares donde nadie
    pasa.

Así la verdad encuentra su lugar en la palabra,
la calidad es bienvenida en el trabajo,
el orden es fructífero para el gobierno,
los actos se hacen lugar en la oportunidad,
y los sentimientos se adaptan al corazón.

Y lo que no avanza a fuerza de resistencia
no encuentra obstáculos.
Y donde no hay lucha no existe el daño.

9. El manejo de los límites

Aquél que exige su espada hasta el límite la verá perder
　　su filo.
El arco que se dobla más allá de lo tolerable terminará
　　por quebrarse.
Quien acumule riquezas en cantidad no podrá vivir para
　　protegerlas.
Clama todo el tiempo por bendiciones y sólo te llegarán
　　calamidades.
El verdadero sabio conoce el límite y una vez realizada la
　　obra se retira.
Esa es la ley del Tao y el camino del cielo.

10. La virtud como respuesta

¿Eres capaz de mantenerte unido en cuerpo y alma?
¿Estás preparado para asumir la originalidad y la pureza
    de un recién nacido?
¿Y tienes la valentía de ponerte en el lugar de la mujer?
¿Qué tan imposible es gobernar sin dominar?
¿Y crear y poseerlo todo sin adueñarse de nada?
¿Y mostrar el amor y la compasión por el otro?
La respuesta a todo está en la virtud.

11. Utilidad de lo ausente

Treinta rayos convergen en la rueda de un carro,
pero es el espacio vacío entre ellos el que da movimiento;
del barro nace la copa de la cual beberemos,
pero el contenido tiene lugar en su hueco;
las puertas y ventanas hacen a las casas,
pero su función la cumplen cuando abiertas dejan paso.
Es la presencia la que hace a las cosas,
pero en la ausencia está definida su utilidad.

12. Trabajar el interior

Todos los colores al mismo tiempo ciegan el ojo.
Todos los sonidos en el mismo instante ensordecen los
     oídos.
Todos los gustos en el mismo bocado saben a nada.
Todas las pasiones en la misma persona quitan la calma.
Por ello el verdadero sabio no se dirige a los sentidos sino
     a la interioridad,
descarta lo uno y trabaja lo otro.

13. Providencia y desgracia

Recibe a la providencia así como recibes a la desgracia.
¿Qué significa recibir a la providencia como a la
      desgracia?
La providencia y la desgracia llegan a ti porque eres
      persona,
si no lo fueras no recibirías ni providencia ni desgracia.
Y tanto la providencia como la desgracia vienen a ti
      porque parten de ti.

Si así como aceptas a tu persona aceptas al mundo,
el mundo será tuyo.
Y es que quien se acepta a sí quien mismo acepta al
      mundo
y es aceptado por él.

14. Esencia y continuidad del Tao

Aún cuando lo ves, es aquello que escapa al ojo.
Aún cuando lo escuchas, es lo que no llega al oído.
Está en la palma de tu mano, pero no puedes tocarlo.

Aún cuando se eleva, está lejos de la luz.
Aún cuando se hunde en lo más profundo, no está
    rodeado de oscuridad.
Aún cuando sabes su definición, no puede ser definido.

Lo invisible, lo inaudible, lo intocable,
la esencia misma del no ser,
esa es la continuidad del Tao.
Esa es su esencia.

15. La quietud alcanza al cambio

Los antiguos sabios del Tao eran profundos, cautelosos,
    reservados, auténticos, amplios y oscuros.
Tal era la hondura de sus características que nadie podía
    comprenderlos
sino en relación con la naturaleza.

Tan profundos como el río debajo del hielo en invierno;
tan cautelosos como aquél que se sabe caminando sobre
    terreno peligroso;
tan reservados como quien está en un territorio que no es
    el suyo;
tan auténticos como un trozo de madera impoluto sobre
    el hielo;
tan amplios como los valles escondidos por el invierno;
tan oscuros como las aguas invadidas por residuos.

¿Quién es capaz de esperar que pase el invierno?
¿Quién se hace de paciencia hasta que el terreno se
    asiente?
¿Quién aguarda impasible que las aguas turbias se
    aclaren?
¿Quién es capaz de permanecer quieto en el movimiento?
Los seguidores del Tao no buscan el cambio,
y quien no está perseguido por el deseo de cambio
    puede alcanzar la plenitud.

16. La vuelta a la raíz

Despójate de todo hasta estar vacío,
déjate rodear por la paz.

Quien entiende la naturaleza lo entiende todo.
La naturaleza es constante pero siempre vuelve a su
origen,
de la flor se vuelve a la raíz.
Quien comprenda fielmente esta vuelta a la raíz
entenderá todos los sentidos.

Aquél que actúa como la naturaleza, volviendo al origen,
será iluminado.
Quien alcance la iluminación podrá ser justo.
Quien sea justo se volverá magnánimo.
Quien sea justo y magnánimo estará a un paso de la
eternidad.

El Tao es eterno como la naturaleza.
Quien imita a la naturaleza no se corromperá nunca.

17. El gobernante invisible

Los gobernantes más sabios son invisibles al ojo de su
    pueblo.
Le siguen en categoría aquellos que son amados y
    alabados,
seguidamente, quienes gobiernan con el miedo y el
    temor como estandarte
y, finalmente, los que son aborrecidos y combatidos.
Estos últimos no tienen la confianza entre sus virtudes
y el pueblo le devuelve una moneda de igual valor.
Cuando el mejor gobernante está al mando,
las obras se suceden con armonía
y el pueblo celebra:
¡somos artífices de nuestro propio destino!

18. Cuando el Tao cae

Si el Tao cae allí
estará esperando la verdad y la justicia.
Si advienen la inteligencia y la sagacidad,
con ello llegarán los hipócritas.
Si en el núcleo de la familia reina el caos,
es tiempo de dar lugar al amor filial.

Así, cuando una nación comienza a corromperse,
se espera la intervención de los funcionarios fieles.

19. La práctica de la sencillez

Quita la erudición y la inteligencia de tus prioridades
y así verás al pueblo tal como es en su esencia.
Abandona la práctica de la justicia y la benevolencia
y el pueblo encontrará reemplazo en su verdadero amor.
Pon en desuso la sagacidad y la búsqueda del beneficio
y el robo y la estafa dejarán de tener lugar entre los
    tuyos.

Pero nada es suficiente si no lo practicas con tu persona.
Busca tu propia esencia.
Vuelve a tu forma primera.
Despójate de todo lastre.
Y encuéntrate con el origen de la sencillez.

20. Conciencia de la individualidad

¿Qué diferencia hay entre el afuera y el adentro?
¿Qué tan lejos está el bien del mal?
¿Cuánto camino hay entre la duda y la certeza?

Todo el mundo teme por lo mismo
y yo no siento temor por cosa alguna.

Se los ve felices recibiendo la primavera desde el
    privilegio de sus terrazas
o como en los días de sacrificio.
Lejos estoy yo de experimentar una sensación similar,
triste y abrumado como en los días más desgraciados.

Entre todos yo soy el único que duda,
como un niño recién llegado al mundo que solo sabe
    sonreír.
La abundancia golpea las puertas de todos,
sólo yo vivo en la más extrema de las pobrezas.
Cada paso que dan lo hacen con certeza,
en cambio mi persona está paralizada por los
    interrogantes.

¿La locura se habrá apoderado de mi persona?
Todos a mi alrededor tienen la mente clara y el corazón
  pleno.

Sólo yo soy toda confusión y aprisionamiento.
Cada cual sabe cuál es el camino a transitar.
En cambio mi persona anda errante
como una ola perdida en la inmensidad.

Soy consciente de mi diferencia.
Único en el género tengo en quien descansar.
La madre naturaleza me da cobijo y alimento.

21. La esencia del Tao

La presencia del Tao tiene base en su no presencia.
El Tao es sutil y críptico,
y en estos valores está su fuerza y su revelación.

El Tao no tiene forma y no tiene nombre,
pero en su esencia están su materialidad y su identidad.
Su esencia es como una semilla que da forma desde la
    oscuridad.

Pura, inmutable y constante es la esencia del Tao en
    todas las cosas.
¿Y cómo puedo yo saber todo esto?
Abriendo los ojos a todo lo que me rodea,
adquiriendo conciencia del Tao en mi interior.

22. El valor de la humildad

Inclínate y estarás de pie.
Vacíate y serás colmado.
Da hasta lo último de tus fuerzas y serás renovado.
Quien nada acumula todo lo posee.
Quien acapara sólo logra el desequilibrio.

Por ello el sabio verdadero va hacia el Uno
y se abraza con el mundo,
no se vanagloria de sus actos y por ello es reconocido,
no hace alarde de su piedad y por ello es magnánimo,
no se justifica y por ello es comprendido,
no enumera sus capacidades y por ello se gana la
    confianza,
no confronta y por ello no se hace de enemigos.
Por todo lo dicho los sabios aconsejan:
sé humilde y te elevarás,
hazte pequeño y todo acudirá a ti como al más grande.

23. La confianza se gana con confianza

Cuanto más precisas y medidas las palabras, más
     naturales.
Ni un huracán tiene la extensión de un día completo.
Hasta una tormenta amengua durante el día.
¿Y de dónde surgen los huracanes y la tormenta?
Del cielo y la tierra es la respuesta.
Por ello hasta el cielo y la tierra dan origen a lo
     inconstante.
Y menos aún será el hombre quien construya
algo que dure por siempre

Por ello, quien sigue el camino del Tao se hace uno con
     el Tao.
Quien sigue el camino de la virtud se hace uno con la
     virtud.
Y quien acepta el camino de las pérdidas se hace uno con
     ellas.

Quien da la bienvenida al Tao es bienvenido por él.
Quien abraza la virtud es abrazado por ella.
Y quien hace lugar a las pérdidas recibe algo de utilidad.
Solo quien confía en las enseñanzas del Tao
se hace acreedor de la confianza de los demás.

24. El lastre que fermenta

Quien marcha de puntas de pie, difícilmente mantenga
    el equilibrio.
Quien avanza a los saltos, olvida cómo es caminar.
Quien se muestra todo el tiempo, se hace invisible por
    insistencia.
Quien justifica cada decisión, siembra dudas.
Quien alaba cada uno de sus logros, pierde todo mérito.

El Tao huye a estos excesos
porque son como lastre y fermentan en el cuerpo de sus
    dueños.
Y por ello el virtuoso que abraza el Tao
les huye y los ignora.

25. Cuatro elementos para avanzar

Antes de todo existía el misterio
inabarcable, innominado, indefinido,
por ello misterio.
Ante la necesidad de un nombre, el misterio fue llamado
    Tao.
Y el Tao estuvo desde antes que el cielo, la tierra y el
    hombre.

El Tao como la madre de todas las cosas,
infinito y en movimiento constante,
no tiene punto de partida sino que vuelve siempre a su
    origen.

Tao, cielo, tierra y hombre,
cuatro son los elementos que hacen andar el camino.
El hombre sigue las leyes de la tierra.
La tierra sigue las leyes del cielo.
El cielo sigue las leyes del Tao.
Y el Tao se sigue a sí mismo.

26. Gravedad y quietud

La gravedad es el equilibrio de la liviandad.
La quietud el bálsamo del caos.
El sabio sabe de esto aunque viaje sin horizontes.
No se despega de su equipaje y su gente
ni aún ante lo más atrayente.

Porque quien se deja llevar por ligereza
 pierde peso entre los suyos.
Y quien se deja ganar por el caos
se hace uno con el caos.

27. Los desafíos del hombre bueno

El buen caminante no deja rastro de su paso.
El perfecto orador no da lugar al equívoco.
El contador dúctil no falla en sus cálculos.
Quien sabe de cerrojos puede prescindir de los candados
y aún así nadie podrá abrir lo cerrado.
Quien sabe de ataduras no necesita cuerdas ni fuertes
    nudos
y aún así nadie podrá con sus cuerdas.

El verdadero hombre bueno no necesita de la bondad del
    otro,
por el contrario, es al hombre inconcluso a quien socorre,
porque la fortaleza del hombre bueno está en el error de
    a quién ayuda
y en el error del hombre equivocado está el nacimiento
    de lo bondadoso.

Y es que para el hombre bueno ninguna cerradura es
    inviolable,
no hay nudo imposible de desatar,
ni hombre réprobo que no merezca la salvación.
Esa es la columna del Tao.

28. La virtud del todo

Quien se sabe masculino pero no desmerece lo
	femenino,
está tan cerca de la virtud como nadie.
Quien se conoce luminoso pero se adentra en la
	oscuridad,
está recorriendo cada rincón de la virtud.
Quien tiene méritos para la grandeza pero se deja ganar
	por la humildad,
se hace uno con la virtud.

Y es que un tronco entero tiene utilidad,
pero también la tienen cada uno de sus trozos cortados
	por un hachero.
Porque la virtud del sabio
está en aprovechar cada parte de la madera.

29. La sabiduría de la intervención

No hay error más grande que intentar poseer el mundo.
Igual de equivocado es el intento por modificarlo.
Así quien pruebe poseer el mundo, lo perderá por su
    misma ambición.
Y quien intente modificarlo lo deformará no a su gusto.

Y es que el mundo es sagrado, ingobernable y muta por
    propia voluntad.
Solo queda ver que hay tiempos para estar arriba y otros
    para estar abajo,
tiempos para la salud y tiempos para enfermedad,
tiempos para la gloria y tiempos para el fracaso,
tiempos para la velocidad y tiempos para la paciencia.

El verdadero sabio sabe cuándo hacer y cuándo esperar,
evita los excesos y la complacencia,
sabe cuándo es tiempo de poda
y cuándo contemplar el crecimiento.

30. Los riesgos de la violencia

Un sabio consejero nunca propone la violencia.
Sabido es que la violencia vuelve siempre al punto de
     partida,
y donde ella se instala no crece más la vegetación.
Hambruna e infelicidad son hijas de la violencia.

La primera solución a un conflicto nunca es la violencia.
Y aquél que recurre a ella debe tenerla bajo su dominio.
Quien vence por la violencia no debe vanagloriarse,
menos aún hacer de ella una costumbre,
sabe cuando el objetivo se cumplió
y huye de la venganza y la sangre.

Porque la violencia no es el camino del Tao.
Y todo lo que llega por la violencia da inicio a todos los
     finales.

德
Te

31. La violencia no es un recurso

De las armas solo surge la desgracia
y el sabio que observa el Tao no las tiene entre sus
      herramientas.
La sabiduría está a la izquierda
y la violencia a la derecha.
Quien sigue el camino del Tao,
solo acude a ellas como último recurso,
y su corazón está del lado de la paz y la calma.

Para el sabio cada victoria de mano de las armas no es
      una victoria.
No hay motivos para alegrarse en la muerte.
Y quien se regocija en la muerte
no puede hacer su vida entre los vivos.

La dicha es una consecuencia de la sabiduría.
La desdicha nace de la violencia.
La guerra es sinónimo de muerte
y después de ella solo queda llorar
y una sucesión de funerales.

32. La esencia del Tao

Desde la eternidad el Tao permanece innominado.
Y aún en su llanura y pequeñez,
nada en el mundo es superior a él.
Del gobernante que comprende esta esencia del Tao,
nacerán tierras y pueblos con andar tan natural como el
     río.

El gobernante que manipula el Tao
lo dividirá en su esencia.
De allí nacerán los distintos nombres del Tao para el
     mundo,
pero los nombres tienen un límite
y el paso más sabio del gobernante
es dejar fluir el Tao desde su esencia,
como andar tan natural es del río.

33. Verdaderas virtudes

Quien conoce a su pueblo es aplicado.
Quien se conoce a sí mismo es sabio.
Quien domina al otro es fuerte.
Quien se domina a sí mismo es poderoso.

Quien valora lo que tiene y se conforma, es un hombre
   rico.
Quien nunca sesga en sus propósitos, es constante como
   el Tao.
Quien encuentra su lugar en el mundo, perdura en el
   hogar.
Quien logra trascender la muerte, vive por siempre.

34. La grandeza de la pequeñez

Allí donde hay algo, allí está el Tao.
Todo en la creación está debajo del Tao,
 pero el Tao no se pone sobre nada
Todo en la creación debe su origen al Tao,
pero el Tao no se erige como creador.

Todo en la creación recibe el movimiento del Tao,
pero el Tao no hace alarde de su papel movilizador.
Todo en la creación es propiedad del Tao,
y ni aún así el Tao reclama nada para sí.

El Tao no somete a control nada de la humanidad,
no hace excepciones ni pide nada a cambio,
no se llama a sí mismo grande ni poderoso.
Y en su desprendimiento y pequeñez,
está su grandeza y su plenitud.

35. El verdadero alimento

El Tao no tiene forma, sabor ni aroma alguno.
Aún así quien sigue al Tao ve colmados sus sentidos.

Ante manjares, bebidas, música y bellos perfumes,
todos los transeúntes se detienen.
En cambio el Tao no se ve, no se escucha ni se huele.
Aún así quien acude a él como alimento
encontrará una fuente sin fin.

36. La percepción de la naturaleza

Si quieres ver algo caer primero, déjalo llegar a lo alto.
Si quieres algo podar primero, déjalo crecer.
Solo puede ser destruido lo que antes fue edificado,
así como solo recibe aquél que antes dio algo.
Y la debilidad llega después de la fortaleza.

La clave está en la percepción de la naturaleza de las
      cosas,
y sólo así el pequeño y débil podrá con el grande y
      fuerte.

Y es que el pez sólo se mueve bien en el agua,
y los secretos no deben ser exhibidos.

37. El curso natural que hace andar al mundo

El Tao no recurre a la acción
y sin embargo todo anda gracias a él.
Si los gobernantes entendieran esta esencia,
comprenderían la clave de la naturaleza.

Quien no desea no se frustra.
Y quien no se frustra no se envilece.
Así, el verdadero sabio espera en la quietud,
mientras todo ocurre y no mandan los deseos.
Así la paz y la armonía tienen lugar
y el mundo sigue su curso natural.

38. El Tao y las virtudes inferiores

El Tao, Virtud superior, no actúa y sin embargo es
   virtuoso.
Las virtudes inferiores, aún actuando no pueden
   mantener la virtuosidad.
El Tao, Virtud superior, no hace ostentación de su
   virtud, por ello es virtuoso.
Las virtudes inferiores hacen ostentación de su virtud,
   por ello no son virtuosas.
El Tao, Virtud superior, no tiene intereses por los que
   servir.
Las virtudes inferiores, solo sirven a los intereses.

Cuando se pierde el Tao, se recurre a las virtudes
   inferiores.
Si el Tao se pierde, queda la virtud;
si la virtud se pierde queda la amabilidad;
si la amabilidad se pierde, queda la justicia;
si la justicia se pierde, queda la religión.
 Ahora bien, la religión es sólo la apariencia de las
   virtudes superiores
y aquel que recurre a las apariencias entra en la falsedad
   y la mentira.

La fe tiene su base en la esperanza.
El sabio de la virtud superior actúa por conocimiento, no
   por esperanza;
acepta el presente y rechaza poner sus fuerzas en lo
   venidero.

39. La humildad como fortaleza

Desde los orígenes todo es plenitud.
El cielo es pleno en su claridad,
la tierra es plena en su firmeza,
el espíritu es pleno en su templanza,
los ríos son plenos en su cauce colmado,
los gobernantes son plenos en su autoridad.

Sin embargo, la humildad es la raíz de la plenitud.
El cielo se mantiene uniforme en sus tonalidades,
la tierra tiene la clave de su firmeza en cada grieta,
el espíritu se hace constante en la duda
los ríos se mantienen colmados por sus drenajes,
y los gobernantes construyen su poder desde los súbditos.

Es por esto que el gobernante verdaderamente sabio
se denomina indigno, desvalido e ignorante.
Es de sabios sonar no como el jade que brilla,
sino como las piedras que resuenan.

40. Sentido del Tao

El Tao todo el tiempo está volviendo,
y así como vuelve se adapta.
Porque el Tao se sabe origen de todo,
y todo tiene inicio en el Tao.

41. Reacciones ante el Tao

Si un estudiante avezado descubre el Tao,
atenderá al descubrimiento como la verdad máxima.
Si un estudiante mediocre da con el Tao,
quedará vacilante entre la confianza y la incredulidad.
Si un mal estudiante conoce el Tao,
estallará en carcajadas,
y esa risa será señal de la existencia del Tao.

Quien comprende el Tao, queda ante los demás como un
    incoherente.
Quien avanza en el camino del Tao, parece retroceder.
Quien tiene como objetivo el Tao, parece sin horizontes.
Y es que con el Tao la fuerza más devastadora aparenta
    debilidad,
la verdad más prístina asume la forma de la duda,
el corazón más completo simula estar herido,
y la naturaleza más plena se asume mutilada.

Así, el arte más complejo tiene base en la sencillez,
el sentimiento más potente tiene eje en sus aristas,
y la forma más completa tiene centro en sus límites
    difusos.
Por igual el Tao no puede comprenderse, sentirse ni
    conocerse.
Trasciende la razón, el sentimiento y el conocimiento.

42. El Yin y el Yang del Tao

El Tao engendra al primero,
que a su vez engendrará al segundo,
que a su turno dará lugar al tercero,
y éste dará lugar a todo lo demás.

Y todo lo demás lleva consigo el Yin (la oscuridad) y el
    Yang (la luz).
Y aunque todos los demás teman llamarse indignos,
    desvalidos e ignorantes,
es el mismo sabio quien gobierna llamándose de las tres
    maneras.
Porque el Tao tiene la fuerza en la debilidad,
y la debilidad su razón de ser en la fortaleza.

"A quien se maneje por el temor, el fin le llegará por el
    temor",
quien dice para sí estas palabras es un sabio.

43. La acción de la inacción

Lo más blando puede hacer mella en lo más duro.
Lo que no tiene existencia penetra en toda existencia.
Y solo los sabios pueden entender el valor de la inacción,
el decir desde el silencio,
y el actuar desde la inmovilidad.

44. Conciencia del límite

¿Qué es más valioso?, ¿tus ambiciones o tu persona?,
¿y más satisfactorio?, ¿ la obtención de tus deseos
o el conocimiento de tus límites?
¿Dónde está el éxito?, ¿en poseer o en despojarse?

La posesión acarrea obligaciones, la conciencia quietud.
Saber cuándo algo es suficiente, es la clave del equilibrio.
Quien no posee, se aleja de las pérdidas,
Quien sabe detenerse, va por un camino distinto al
    peligro.

45. Espejismo de la derrota

El hombre más inteligente pasa por tonto.
El mejor orador por intrincado.
El más fuerte se muestra vulnerable.
Las grandes verdades parecen falsamente edificadas.

La perfección se presenta como inconclusa.
Lo colmado como a punto de agotarse.
Pero, así como el movimiento vence a la helada,
y la quietud al calor agobiante,
la inmovilidad vence al deseo.
Y el control está en el que se muestra sin reacción.

46. El deseo por las riendas

Si la templanza es el jinete del caballo,
el destino del corcel es la cosecha.
Montada la codicia sobre el mismo animal,
partirá raudo hacia la guerra.

Y es que no hay peor guía que el deseo,
ni más nefasto objetivo que las posesiones,
 y quien tira de las riendas guiado por el deseo de poseer,
verá su destino desbocado en la desdicha.
Mas, quien tiene dominio del animal,
lo conoce por sus límites y sabe aquietarlo.

47. La fuente de la experiencia

Puede conocerse el mundo sin, ni siquiera, aprestar el
  equipaje.
Pueden enumerarse los colores del cielo, sin abrir la
  ventana.
Y es que el verdadero sabio asume la experiencia desde la
  quietud,
y el impaciente sólo logra ir cada vez más lejos de su
  centro.

48. El desaprendizaje del Tao

Quien transita el camino del aprendizaje,
carga su alforja de conocimientos.
Quien sigue las huellas del Tao
va vaciando el saco tras su paso.

Y es que el Tao camina hacia el despojamiento total,
y el no hacer es la máxima expresión de la sabiduría.
Quien nada posee, vislumbra el final del camino.

49. El sabio ante el prójimo

El sabio no tiene ambiciones
porque sus ambiciones son las de su pueblo.
El sabio abraza a los buenos,
pero también acoge a quienes están lejos de la bondad,
porque la bondad es más fuerte que cualquier
     individualidad.
El sabio recibe a los que creen en él,
pero también abre las puertas a los incrédulos.
Por la confianza, es más fuerte que cualquier
     individualidad.

El sabio es humilde, tímido, pequeño.
Se sabe mirado por todos los ojos de su pueblo
y se deja mirar mansamente
con la misma mansedumbre con que su pueblo lo
     escucha.

50. Donde la muerte no tiene lugar

Tres de cada diez hombres son seducidos por la vida
y tres de cada diez van detrás de la muerte.
Tres de cada diez llegan a la muerte obsesionados por la
    vida
y el que resta, en nada se parece a los otros.

Quien sabe vivir puede visitar tierras extrañas
sin miedo a los rinocerontes, los tigres y las guerras.
En él los rinocerontes no encuentran blanco para sus
    cuernos
ni los tigres carne para desgarrar.
Así como las guerras lo atraviesan sin tocarlo,
nada de la muerte encuentra lugar en él.

51. Tao y Virtud

El Tao da origen a la vida y la Virtud sustento.
La materia da la forma y el contexto los límites.

Conscientes de su origen, todo lo vivo rinde honor al
    Tao
y se muestra en deuda con la Virtud.
La Virtud guía, encamina y protege todo lo nacido por
    el Tao.

Tanto el Tao como la Virtud
no se dicen creadores, ni guías, ni protectores,
y es en su origen donde está la Virtud máxima.

52. Conciencia de la Madre

En el origen de todo está la madre.
Quien conoce a la madre conoce el origen.
La conciencia de la madre es por igual la conciencia del
    hijo.
Quien se sabe hijo conoce y vuelve a la madre.

Quien calla ante la insistencia,
trabaja su templanza para la eternidad.
Quien responde a todos los llamados y golpea todas las
    puertas,
pone en riesgo su destino de finitud.

La sabiduría está en ver el detalle,
en guiarse con un tenue hilo de luz.
Hacerse pequeño
es no alterar lo alterable.

53. Salirse del camino

Apenas con un poco de sabiduría
uno debería elegir el camino principal.
El camino principal es llano, recto y bien señalizado,
sin embargo están quienes prefieren los atajos.

Donde la corte está rodeada de lujos,
seguramente los campos están tapizados de malezas
y los graneros abandonados a su suerte.
Pueden llevar las espadas más relucientes,
hastiarse del comer y del beber
y aceptar el vandalismo como forma de vida,
pero todo eso no es del Tao.

54. Así como yo cultivo

Lo bien plantado echa buenas raíces.
Aquello edificado sobre bases sólidas no se resquebraja.
Lo que así se inicia tiene garantía por varias
    generaciones.

Quien se dedica a sí mismo, cultiva la primera virtud.
Quien se debe a su familia, cultiva la virtud esencial.
Quien se preocupa por su comunidad, cultiva la virtud
    al prójimo.
Quien trabaja por su nación, cultiva la virtud del buen
    ciudadano.
Quien se preocupa por su mundo, hace de la virtud un
    bien universal.

Antes de emitir juicio sobre el otro, tú mismo serás el
    parámetro.
Antes de decir palabra sobre una familia vecina, la tuya
    será la vara de medida.
Si de opinar de otras comunidades se trata, la tuya será
    espejo de las demás.
Cuando emitas sentencia a otra nación, primero
    pensarás en la que te cobija.
Y de todos los mundos, el tuyo será el que deberá dar el
    ejemplo.
¿Cómo puedo conocerlo todo?
Partiendo de mi persona.

55. Ser como el niño

Quien desee la máxima categoría de la virtud,
deberá ser como el más pequeño de los niños,
aquel al que las bestias más feroces no atacan,
las aves de rapiña ignoran
y las víboras más venenosas le huyen.

Como el niño, que aún con huesos y músculos en
      formación,
se muestra tan fuerte como para erguirse y asirse.
Como el niño, que aún cuando ignora el sexo entre el
      hombre y la mujer,
representa el acto mismo echado a andar.
Como el niño, que aún cuando grita para hacerse
      escuchar,
no lastima su garganta ni cesa en el llanto.

Quien conoce esta Virtud, está en paz consigo.
Quien entiende esta Virtud, es uno con la iluminación.

Aquel que huye del niño por el afán del conocimiento,
aquel que empuja sus tiempos más allá de lo natural,
va camino al envejecimiento.
Y el envejecimiento es el camino contrario del Tao.

56. El verdadero sabio

El verdadero sabio ama el silencio.
El ignorante nefasto abusa de la lengua.
Es del Tao aprender a callar,
dominar los sentidos,
apaciguar los ánimos,
evitar las dificultades,
morigerar los éxitos,
ser uno con el origen,
hacer foco en esa unión.

A quien todo esto aprende,
no se le puede adular ni rebajar,
herir ni sanar,
engañar ni convencer,
encandilar ni hundirlo en tinieblas.
Porque su lugar está más allá de todo lo nombrado.

57. Gobernar no es hacer

Con sagacidad, se gobierna un estado.
Con hidalguía, se comanda una batalla.
Con la quietud total, se adueña al mundo.
¿Cómo puedo yo saber este secreto?
Porque el mundo es uno conmigo,

A más prohibiciones, más pobres y abnegados.
A más ejércitos y armas, más caos y muerte.
A más ingenio y sagacidad, más engaño y mentira.
A más leyes, ordenanzas y decretos, más gente que las
     viole.

El verdadero sabio templa su espíritu en la
     contemplación,
sabe que si no hace, el pueblo andará por su cuenta,
que si no guerrea, el pueblo gozará de la paz,
que si no negocia, el pueblo se enriquecerá por sí mismo,
que si no desea, el pueblo se hace sencillo.

58. El sabio conoce el límite

A un gobierno flexible y benevolente, responde un
    pueblo llano,
A un gobierno astuto y calculador, responde un pueblo
    sagaz.

Dicha y desdicha son parte de un mismo sentido,
detrás de una siempre se agazapa la otra.
¿Cuál es el momento de cada una?
¿Cómo se domina el límite que las aúna?

El gobernante sabio conoce esos límites,
es sólido pero no inflexible,
es punzante pero no deja herida,
es íntegro pero no está maniatado,
es brillante pero no enceguecedor.

59. El gobernante moderado

Para gobernar por igual a la tierra y al cielo,
no hay mejor fórmula que el conocimiento de los límites.
Solo la moderación trae buenos resultados
y se ahorra en equivocar caminos.

Quien hace de la moderación una forma de gobierno,
no revela a sus gobernados sus límites.
Quien no tiene límites para sus gobernados,
puede aspirar al gobierno del mundo.

Quien así gobierna,
lo hace sobre raíces profundas y bases firmes.
Quien así gobierna,
puede hacerlo por siempre.

60. De los antepasados y el Tao

Debe moverse igual quien gobierna un gran Estado,
como aquél que asa un pescado pequeño.
Aquel que gobierna con el Tao
no debe temer a los antepasados,
ningún espíritu se vuelve contra el Tao,
ni daña al pueblo bajo su protección
Por el contrario,
 buscan hacerse uno con el gobernante.

61. Política de la humildad

Un gran estado toma los caminos del agua,
va donde todos los ríos confluyen.
Allí es la morada de la Madre Tierra
y es que lo femenino se impone a lo masculino por su
    quietud.
Y la quietud es subordinación.

Un gran estado conquista a uno pequeño cediendo.
Un estado pequeño conquista a uno grande
    inclinándose.
Uno gana por su humildad.
Otro por mostrarse humilde.
Quien conquista debe ceder,
así como quien cede conquista.

Un gran Estado busca aumentar el número de su pueblo,
Y un Estado pequeño encontrar a quien prestar servicio.
Así cada uno satisface sus deseos.
En la humildad está la satisfacción.

62. Lo que el Tao enseña

El Tao es el lugar de todas las cosas.
Es donde el hombre bueno encuentra cobijo.
Es donde el hombre malo encuentra redención.

Las buenas palabras son bien recibidas.
Los actos nobles tienen su reconocimiento.
Pero también hay lugar para aquél que equivoca el
     camino.

Si estás buscando un regalo para el rey,
ahórrate peinar cuatro caballos,
y menos aún envolver como presente un cetro coronado
     en jade.
Ofrécele el Tao y te será agradecido,
porque de él nace el conocimiento
de que es tan importante reconocer lo bueno
como perdonar lo malo.
Nada mejor que esa enseñanza como presente.

63. El paso sencillo

Quien practica la quietud
está más cerca del obrar que ninguno.
Encuentra sabor a lo insípido,
grandeza en el detalle,
simpleza en las dificultades,
y responde con amabilidad a la ira

En el universo, lo más complicado tiene origen en la
    sencillez.
Los grandes actos nacen de pequeños sucesos.
El verdadero sabio no se plantea lo grandilocuente,
y así llega a los resultados más imposibles.

Sin embargo, quien promete sin más
verá su ligereza traducida en actos,
por ello el verdadero sabio conoce antes las dificultades
para así nunca experimentarlas.

64. El origen en el detalle

Lo pequeño aún entra en un puño.
Lo no iniciado es dable de prever.
Lo quieto aún es una presa fácil.
Lo delgado todavía es sencillo de quebrar.

Por ello previene y aguarda.
El orden debe esperar al caos.
Las soluciones deben anteceder a los inconvenientes.

El inicio es tan importante como el final.
Una torre tiene origen en sus cimientos,
un árbol en sus raíces,
y una caminata en el primer paso.

El gobernante sabio no actúa y así no cambia.
No toma posesiones y así no pierde.
Su pueblo en cambio actúa y toma posesiones,
y así comienza el camino de sus fracasos.

El gobernante sabio no posee y no debe cuidar.
No desea nada fuera de su alcance.
No acumula conocimientos, sino que se despoja de ellos.
Solo así evita el fracaso y las frustraciones.
Porque conoce el origen de todas las cosas.

65. El Tao en el misterio

Quien conoce el Tao gobierna.
No así quien da a conocer el Tao.
Los antiguos sabios sabían que el pueblo
debía mantenerse impoluto,
por ello no le revelaban el conocimiento.
Un pueblo sin conocimiento vive en la sencillez.
Un pueblo que conoce se enrosca en dudas.

Y es que el mejor Tao es el que permanece en el misterio.
Lo no revelado tiene más valor.
Lo misterioso es profundo y extenso.
Y solo lo distante y extraño
conduce hacia uno mismo.

66. La humildad del gobernante

¿Por qué el mar es más imponente que los ríos?
Porque sabe andar por debajo de ellos.
Así, el verdadero gobernante cuando habla
baja su voz hasta alcanzar el oído de su pueblo.
Así, cuando marcha con su pueblo
lo hace rezagándose hasta el último lugar.
Y es así como el pueblo no siente al gobernante sobre sí,
ni su figura presiona ni intimida,
porque el gobernante no compite con su pueblo,
es que el pueblo no busca competir con él.

67. Tres bienes preciados

Todos saben de la grandeza de mi Tao.
Pero lo saben porque lo muestra en su pequeñez.
Si yo hiciera alarde de la grandeza de mi Tao,
él sería más grande que mi persona y yo pequeño.
Tres cosas guardo celosamente entre mis pertenencias:
el amor, la prudencia y el no creerme el primero.
En el amor me doy a mi pueblo,
en la prudencia doy lugar a la generosidad,
en la humildad baso mi liderazgo.

Hoy los hombres no dan lugar al amor,
y así tampoco a la misericordia y la compasión.
Cuando la misericordia y la compasión ganan batallas,
tampoco hacen de la prudencia una costumbre
y así no evitan el peligro.
Mucho menos entienden la humildad
y queriendo ser los primeros son los últimos.
Así van camino a la muerte
y pierden la protección del cielo.

68. El Tao de la no afrenta

El mejor combatiente nunca pierde los estribos.
Un buen ganador no busca la venganza.
El más importante de los líderes es el que sirve al
    semejante.
Un verdadero sabio no emplea la violencia.
Este es el Tao de la no afrenta,
esta es la energía con la que se gana el cielo.

69. Aciertos y errores del combate

Es conocido entre los combatientes,
mejor que hacer de anfitrión
es oficiar de huésped,
más fructífero que avanzar una pulgada
es retroceder un paso.

Así se avanza sin moverse del lugar,
se intimida al enemigo sin entrar en lucha,
y se blanden espadas que no existen.

El error más grande en el campo de batalla
es dar al enemigo por derrotado.
Ese es el inicio de toda derrota,
porque en la batalla vence aquél que aparenta la herida.

70. El valor de lo inteligible

Lo que yo digo es sencillo de comprender
y posible de ponerlo en práctica.
Aún así, nadie puede hacer de mis palabras su
        herramienta
y menos aún darles sentido.

Y es que lo dicho tiene un origen,
y un maestro lo dijo mucho antes que yo.
Así, no pueden comprender ni usar aquello que no
        conocen.

Es la incomprensión del pueblo la que me da valor.
Aquellos que me siguen, sin comprender, aún valen más,
así como debajo de unos harapos
escondo una joya cerca de mi corazón.

71. El sabio ignorante

Saberse ignorante es conocimiento.
Creerse sabio es la plena ignorancia.
El verdadero sabio convive con su ignorancia,
y esa convivencia es saludable
porque quien se sabe ignorante
avanza hacia la sabiduría.

72. Del gobierno sin terror

Cuando el pueblo desconoce el terror,
no seas tú el que se lo revele.
Si ellos viven en el temor,
el eco llegará hasta ti.
En cambio, el sabio se sabe superior pero no lo
        proclama,
se ama, pero no demuestra adoración.
Esto es lo que debes tomar,
lo otro es importante dejarlo.

73. Valentía sin temeridad

Quien hace de la temeridad su ejemplo de valentía,
estará deseando la muerte.
Quien construye su valentía eludiendo lo temerario,
se encaminará a la vida.
¿Y el motivo de esto?
Que el cielo está disgustado con algunas actitudes,
son asuntos difíciles de conocer.
A veces, ni el sabio puede comprenderlos.

El Tao que responde al cielo
se ocupa de hacerse de la victoria sin confrontar,
obtener respuesta sin emitir preguntas,
darse a entender aún sin señas,
avanzar casualmente siguiendo una estrategia.

Y es que la red del cielo es una malla amplia,
pero que nada deja escapar.

74. La muerte asunto ajeno

Cuando el pueblo ignora a la muerte
de nada sirve hablarle de ella.

Pero en un pueblo que sabe de la muerte y le teme,
y aún consciente viola la ley,
¿está buscando que yo le dé muerte?

Siempre hay alguien que de la muerte se ocupa.
Más si yo quisiera ser ese alguien,
sería como aquel entrometido que ocupa el lugar del
     hachero,
no tardaría en herirme con el filo del instrumento.

75. Motivos del hambre, la agitación y la ignorancia

Sólo un motivo hay para el hambre del pueblo,
que quien gobierna cambie su comida por altos tributos.
Sólo un motivo para la ebullición del pueblo,
que quien gobierna agite su espíritu.
Sólo un motivo para que el pueblo ignore la muerte,
que su gobierno haga de la vida el único lujo.
Quien no llena su vida de intereses,
tendrá lugar para respetar a la muerte.

76. De lo flexible y lo rígido

En vida, el hombre es elástico y evoluciona.
Al momento de la muerte es rígido e inmutable.
Las plantas al sol son flexibles y fibrosas
pero perecen secas y resquebrajadas.
Por ello lo elástico y flexible se asocia a la vida
y lo rígido e inmutable da la mano a la muerte.

Así pues, lo duro y firme está tan listo para el hacha
      como un árbol,
y lo maleable y blando se hace lugar en la vida.

77. Hacer primeros a los segundos

Como un arco en manos de un arquero
es el camino al cielo por el Tao.
Lo que se muestra principal, el arco, se reduce.
Lo que asemeja ser secundario, la cuerda, se extiende.

Así el Tao que lleva al cielo
decide darle a los que siempre son segundos,
quitándole a los que acostumbran a ser primeros.
Esto contraría la ley del hombre:
¿quién, por más que tenga, quitará de su parte para dar a
    su semejante?
Sólo quien camina el Tao puede actuar así,
y ese es el camino del cielo.

Por todo lo dicho es que el sabio no da cuenta de sus
    acciones,
no se nombra sabio a sí mismo,
y esconde la mano con la que hace justicia.

78. El débil que gobierna

Nada en el mundo es tan maleable como el agua.
Aún así, nada mejor para erosionar la roca.
Nada puede ocupar el lugar del agua,
porque lo débil vence a lo fuerte.
Y aún cuando es conocido por todos,
nadie hace de esto una costumbre.
Por esto el sabio dijo:
quien inclina su espalda para cargar las desgracias del
      pueblo,
quien hace de su carga una misión,
ése es el elegido para gobernar.
A veces la verdad tiene apariencia de mentira.

79. La firma sin resquemor

Cuando cesan las hostilidades
las heridas siguen latiendo.
¿Cómo apaciguar ese resquemor?
El sabio acepta las partes del trato
y luego de la firma no revuelve más en los papeles.

El Tao del cielo busca resarcir los daños,
pero también sabe cuando algo llegó a su fin.

80. Cultivar la sencillez del pueblo

Un país pequeño apenas si tiene pobladores.
Y aún cuando cuente con armas, barcos y herramientas,
mejor es que no haga uso de ellas.

Importante es que el pueblo tema a la muerte.
Que aún con elementos no viaje
ni se parapete para la guerra.

En lugar de incentivar la escritura,
haz que el pueblo anude las cuerdas.
La comida sin lujos será sabrosa,
la vestimenta sin brillos será dignificante,
los hogares sin alardes tendrán calor.
El pueblo goza en su sencillez.

Aún cuando del vecino conozcan
al perro que ladra y al gallo que canta,
no conocerán su cara,
y así morirán por la naturaleza,
disfrutando de la vejez sin enfrentarse.

81. Paradojas del sabio

Las palabras que irritan traen la verdad.
Las palabras que adulan esconden la mentira.
Quien gusta de confrontar no es bueno,
es bueno quien no confronta.

Quien dice saber no es sabio.
Quien todo lo ignora tiene sabiduría.

Aquél que acumula,
sólo apila miedos y problemas.
Aquél que de todo se deshace,
es dueño de cuanto existe.

El Tao del cielo es hacer el bien, no el mal.
Quien es sabio hace pero no deshace.

Bibliografía

Biolcati, Vicente Alberto. *El camino universal: el Tao y su tradición metafísica*, Obelisco.

García, Víctor. *La sabiduría oriental: taoísmo, budismo, confucianismo*, Ediciones Pedagógicas.

Hu, Jason C.; Hu, Ru Yu. *Filosofía: el pensamiento filosófico chino*, Taiwan. Gobierno. Oficina de información.

Osho. *Tao, los tres tesoros*, volumen I, II y II, editorial Sirio.

Osho. *Tao, su historia y enseñanzas*, Gaia.

Wade, Desmond. *Breve historia de la filosofía oriental*, editorial Adrómeda.

Wolpin, Samuel *La filosofía china según Confucio y Lao-Tsé*, Kier.

Yang T. Cheng. *Conocer el taoísmo. Historia, filosofía y práctica*, editorial Kairos.

Índice